TUDO URGE NO MEU ESTAR TRANQUILO

exemplar nº 272

LUIZ FELIPE LEPREVOST

TUDO URGE NO MEU ESTAR TRAN QUILO

CURITIBA
2023

CAPA E PROJETO GRÁFICO **FREDE TIZZOT**

ENCADERNAÇÃO **LAB. GRÁFICO ARTE E LETRA**

© **2023, ARTE E LETRA**

L599t Leprevost, Luiz Felipe

Tudo urge no meu estar tranquilo / Luiz Felipe Leprevost.
Curitiba : Encrenca, 2017.
120 p.

ISBN 978-85-68601-10-5

1. Poesia Brasileira. I. Título.

CDD B869.1

ARTE E LETRA
Rua Desembargador Motta, 2011
Curitiba - PR - Brasil / CEP: 80420-162
Fone: (41) 3223-5302
@arteeletra - contato@arteeletra.com.br

antes aprender a ser
um jovem que se foi

e esse jovem que se foi
por sua vez
aprender a ser
uma criança que se foi

e que se vai
e se vai até voltar

TUDO URGE NO MEU ESTAR TRANQUILO

*"Tudo é resposta
não preciso saber a resposta"*

Gregory Corso

alguma coisa na solidão de um homem
já tinha esgotado a distância entre o *eu* e o coração

alguma coisa na solidão de um homem
via se as ruas morriam e em quanto tempo

alguma coisa na solidão de um homem
superou a moda, a moeda, o merecimento
e fixou uma saudade num lugar que não existiu antes

alguma coisa na solidão de um homem
era mortal e jamais morria

alguma coisa na solidão de um homem
avançava agarrando igual ferrugem
e não chegou muito tempo depois da euforia

alguma coisa na solidão de um homem
exibia uma intimidade de porão

alguma coisa na solidão de um homem
mantinha os dois pés enterrados na geada
e era uma imensa campina queimada

alguma coisa na solidão de um homem
testemunhava a insistência das roupas jogadas no chão
e primeiro tinha se chamado Selva Escura

alguma coisa na solidão de um homem
se segurava em escombros de levitação

alguma coisa na solidão de um homem
não sabia o que era ser feliz
nem o que não era ser feliz

cantei na noite mais infernal
e dentro da urgência organismei
uma escrita de acontecimentos
cheios de nervuras costuradas
e elasticidade doída

lambi no ar palavras-mucosas
descidas de temperaturas
que apenas as personalidades mais temulentas
foram capazes de suportar e transmitir

perguntava como consagrar a minha vida
ao exercício de compreender

nos dias crescendo
eu fazia agir poemas e o violão

tudo de uma ruptura agridoce
de um avanço que rasgava
de uma demarcação não fixável

coisas com as quais
alguém se governa a si próprio
porém mal e porcamente

o mesmo caminho sempre caminhado
respiração entrecortada no ar frio

geada
os pés esmagam a grama

vento nas orelhas
uivo de baleias nadando a serração

na minha calma
um desespero vai calado

a cidade é grande
e sou cada um dos habitantes

o coração faz *tac tac tum*
na caixa torácica

passo a mão no rosto
para arrancar o cansaço

sirenes altas
com outros desastres pelejam
na noite insana
expondo o que as ruas suportam

vocês falam da vocação para a melancolia
do gosto pelo recolhimento

vocês contam que certa vez
uma única vez
(no ano em que meu irmão nasceu)
caiu na cidade

todo inverno vocês esperam

e se gabam da inclinação para o soturno
e do inevitável marasmo de quem
(embrulhado em sua japona) anseia
por uma bonita, festiva, talvez
histórica neve como a de 1975

vocês explicam que aquela vez
aquela única vez

vocês desejam filmar a guerra de bolotas
os bonecos com nariz de cenoura
cachecol e cartola
o capô dos carros
a grama tão branca quanto a cabeça das avós

vocês suspiram
> *os flocos*
> *ah os flocos*

entretanto
que estrelada noite de outono
que primavera lavada
que brisa nos ipês
que lua vermelha tropical
que morna tarde de sol
                    hoje está fazendo

quando eu era jovem e triste
fui sugado por uma força estranha
uma exigência de solidão
que me ensinou a sentar
com meus fantasmas
nalgum bar no meio da noite
pondo-me a ler os mestres
e a escrever em toalhas de papel
em guardanapos e no que mais
estivesse ao alcance da mão

não importava
a música ambiente, o vozerio
(caso não estivesse às moscas o lugar
como era de meu feitio escolher)
ou as eventuais interrupções do garçom

eu aprendia a observar
e registrar o meu testemunho

hoje
na taberna do século XXI
não me sinto triste como antes
mas algo do hábito permanece
como uma herança de mim para mim

como arrebentassem um zíper
por quais razões me vieram abrir
entre o pescoço e o abdômen?

claro que pela fartura de mel

agora ao menos estejam cientes
das abelhas iradas a impor
certa exigência para a mastigação

um camelo é lento e resistente
com catarata nos olhos
o camelo não é aquele que partiu

um camelo é um fogo brando que nunca apaga
ele dura mais que um trem
é mais longevo que um caminhão

um camelo não é aquele que ainda não chegou
e ninguém é mais elegante que um camelo

Leonard Cohen foi o maior e mais belo camelo do mundo
cai bem um lenço estampado ao redor de seu pescoço

um camelo é aquele que atravessa
quero celebrar os seus cascos

para não atrapalhar o trânsito nas estradas
eles se disfarçam de andarilhos

quando blatera, isto é, quando ronca
um camelo é mais bonito que o zurro da zebra
que o rugido do urso que o coaxado do sapo
que o mugido da vaca que a azoina das abelhas
que o grugulejo do peru que o guincho do porco

que o grasnado das águias que o farfalho do morcego
que o relincho do cavalo que o uivo do chacal
que o glotero da cegonha que o balido das cabras
que o grunhido do hipopótamo que o rebusno do burro
que o rosnado do leão que o bufado das baleias
que o mugido do búfalo que o guizalho da cobra
que o taramelar do papagaio que o corvejo do corvo
que o choro da girafa que o berro do bezerro
que a trombeta do elefante que a gargalhada da hiena
que o bramido do bisonte que o cacarejo da galinha
que o ululo do lobo que o ronronar do gato
que o cicio da borboleta

o fim do dia não implica no fim da chuva
o fim da chuva não implica no fim do frio
o fim do frio não é o fim do cinza
e alguém com febre não tem todo o tempo do mundo

o mundo dura mais do que a febre
mas o mundo de alguns acaba quando sua febre acaba
e a beleza pode que não tenha relação
com tais temperaturas térmicas
embora muitos sejam capazes
de converter febre em beleza
mesmo que beleza e febre se mostrem
insuficientes para compor uma vida

assim, o fim do sexo não é o fim do amor
nem o fim do amor é necessariamente o fim do sexo

o fim do amor não é o fim da doença do amor
a doença do amor pode que seja o começo
das metáforas sobre doença, amor, febre, frio e chuva

e não há antídoto capaz de neutralizar uma metáfora

para Marina Scandolara

completa ausência de sol
densa umidade de junho

estou na praia
não chove e o ar está molhado

dança em mim a minha luta

o meu corpo quer desmanchar
(membros, órgãos, tecidos, esqueleto)
vou me liquefazer (seja isto ainda um *fazer*)

executo mínimos movimentos circulares
não paro para escrever, faço-o agindo

tenho de me apressar, tudo urge
o sangue lava meus sistemas

enquanto há tempo, aumento as mãos
apenas não sei mais como escrever do
modo que um dia alfabeticamente aprendi

arquejante, não peço socorro
não sei por quanto tempo
consigo manter a concentração

chamo vocês lá no calçadão
hipnotizados em nome da saúde
vocês vão e vão em suas atividades físicas

ao meu modo, danço
nem sei se por doença, danço

corto o ar como lâmina obstinada que abrisse
abrisse e então abrisse a pedra do Tempo

meus alvéolos não são capazes de
impulsionar o que escrevo
respiro mal
não há boca em meu rosto que use bem
a direção do som na atmosfera
ninguém me ouve

meu caderno é a areia
a caneta, os pés descalços
as solas contribuem com o mistério do universo
com o seu modo de ser o que há de mais embaixo nas pessoas

cada parte do que sou quer me deixar
cada pedaço de mim se decompõe na neblina anoitecendo

a memória é um acúmulo de esquecimentos
sobram impulsos, livres associações
pouco ou nenhum nexo

a paisagem pisca numa velocidade incontável
depois apaga uma eternidade por segundo
súbito, volta a acender

as faculdades analíticas não dão conta
dos símbolos que tentam se agarrar à mente
tudo acontece de um modo que não administro calcular

é existindo que posso ir deixando de existir
ainda assim, tudo o que fui, contraditoriamente
vive com intensidade em mim

nada é um adeus, mas um chegar

que ninguém se apiede
melhor o nojo

inverno
o mais rígido em anos
sou um leproso
leproso só por dentro
internamente é que me decomponho
e em alta velocidade

para quem olha
sou apenas o praticante
de sutis movimentos na praia cheia de pombos

o mar quebra pesado
eu, ao contrário, peso pouco

não sei como me seguram no chão as pernas
não sei como não sou levado pelo vento

que ninguém me queira a salvo
o homem em pânico é um *inventa-deus*

tudo urge no meu estar tranquilo

ser qualquer coisa na vida
é se colocar em contato improvisação

nada explica o inexplicável
e estar presente é de uma exigência da qual não se escapa
como meditar uma meditação sem espiritualidade

plantando a efemeridade no espaço, danço
frágil, eu danço
a umidade me divide e me espalha no ar

o Tempo é um *monta-desmonta-corpos*
um *monta-desmonta-vozes*

eu sou o Tempo
nos pés tenho mãos que escrevem
nas mãos eu tenho ouvidos

estamos flutuando, portando, pisando
sobre a Terra, portanto, flutuando

ri da nossa cara o Espírito do Tempo

não se pode estar integralmente dentro
de uma meditação sem a sabedoria acoplada

será correto afirmar que da história humana
(milênios, eras inteiras) toda e qualquer
memória sofre de Alzheimer?

pode que para este mundo até as plantas
sejam constituídas por vísceras e volição

pode que na eternidade nem mesmo
as pedras sejam imortais
e não é contraditório que os nossos defuntos
façam o palimpsesto da terra

vê como o osso é agarrado ao nervo
e como o cachorro é um fácil escravo do osso

o pulso é uma raiz, as frutas têm um ciclo
e o espírito da vida sorri para a delicadeza
apoiada em tanta fúria, fígado e fim

a minha mão organisma *criaturas-letras*
frases talentos vivos
parágrafos apunhalados

sou um dervixe girando em transe
com mil e mais mil mãos congênitas

meu corpo desconhecido
subindo de assalto é o poema

meu corpo se dando como
extemporânea oferenda é o poema

incansável
opositor das sombras

é o poema

não existe uma única ausência
que tendo ido embora de mim
não tenha em mim permanecido

só é ilusão aquilo
que não esqueço

o resto foi *real*

entre o *eu* e o coração
há um longo percurso

a paixão tem os pés invertidos

caminha-se na direção do alto

chega-se em sua negativa

dentro do frio faz frio
dentro da dor faz dor

o medo vem, sobe o instinto

o instinto não é uma casa
é uma selva: carnaval do sangue
         festa da fera

olha para si de fora
entra, fica um tempo
identifica as escuridões que sugam
morre aí, mata aí
assiste o que você é
então exala, sai

sai de si consigo
      e exubera

a paixão tem os pés invertidos
mas não é só por esta razão
que ninguém vai mais rápido
que as próprias pernas

carregada de acúmulos de esquecimentos
a memória resiste na umidade, no mofo que agarra

a memória, onda que bate na orla e desmancha
às vezes, empoça

com o poema enceno esquecimentos
que não fui capaz de fazer

a memória nem é estourada feito a luz
nem completamente escura

pode que seja um
espelho estilhaçado: pedaços do indefinível
                              fagulhas de universos

é necessário ir aonde somos ínfimos
então olhar cada pedaço isoladamente
para só assim apalpar algo do que um dia
possamos ter sido sem comparação

lembrar não doeria se a lembrança
não aprisionasse o que se vai esquecer

o desespero da memória
é reinventar esquecimentos: o futuro extremo
                              com suas escrituras de fogo

                          a terra
                          com suas bibliotecas de ossos

a memória é
essa constelação
de *passados mortos*
que se projetam como
as luzes de estrelas que
podemos ainda ver
sem que lá estejam

se uma pessoa que tivesse a habilidade
de se transubstanciar em múltiplos seres
e de habitar todas as coisas
chegasse ao nosso naufrágio
e quisesse fazer uma performance ritual
dos seus poemas invocatórios
diríamos a ela que não admitimos
esse tipo de pessoa em nosso naufrágio

(Artaud não nos legou herdeiros genuínos)

depois de derramar cerveja em sua cabeça
e coroá-la com mestrado, doutorado
cargo público e tudo aquilo
mandá-la-íamos à merda do próximo naufrágio

traindo a nós mesmos pela milionésima vez
manteremos o desejo no seu cativeiro afetivo
alimentando-o com as regulares porções de trabalho
cinema, literatura, discussões políticas em botecos
e sexo e sexo e sexo sem envolvimento

para que não definhemos completamente
também de migalhas vivemos

balanço leve na baía escura

um barco é o leme, bússolas e mapas
um barco são as quilhas, os fundos calados
um barco sou eu solto na cidade do século XXI

um barco somos nós percorrendo
a existência: os doentes da encharcada
      escuridão na rota do sol

não, um barco não sou eu

eu sou o peixe no imensurável ventre
o peixe na violenta maré que puxa

o silêncio é a bolha de sabão dos sábios

o sábio de plantão acredita que basta silenciar e será salvo
o sábio de plantão acha que a bolha é proteção garantida

o sábio de verdade sabe que não
o sábio de verdade está ciente de que
quando a bolha se romper soará
um grunhido abjeto ferido de imperfeição

o sábio de plantão, atropelando dias e noites, tagarela
a respeito do silêncio por ele domado

o sábio de verdade já esteve mais do que soterrado
e antes deste (aparentemente leve) conheceu
outra espécie de silêncio, mais raro e singelo
chamado silêncio sem hematomas

não é possível haver aura naquilo
que não contém algo pulsante
endógeno, enraizado

o que é postiço
não se ilumina nem se desdobra

tem um invólucro
eventualmente bonito
porém ineficaz à beleza

testar, testar
e testar outra vez
aquilo no que acreditar

que a partir de agora derrubar
paredes seja uma bobagem

antes abri-las com o leve
toque de dois dedos: assim

paredes se curvando
não como os subalternos
nem como os inocentes injustamente
condenados à guilhotinas arbitrárias
mas como uma sabedoria
agradável e agradecida

paredes se desmanchando
paredes das moedas, das fronteiras
das bandeiras, das fardas
das camisetas que separam, afastam
apartam, discriminam, exasperam

nada especial estar toda entupida
e ter uma cola no pensamento

aí haver um bolso na cabeça
e você pegar o dia assim
e comer por esse bolso o dia

cada vez uma luz mais saborosa

corações à parte, nesse momento
justamente em nossa cara
tudo estar estômago

é melancólico olhar a vitrine
das ofertas do mundo
em que restam poucas tortas
cujos pedaços (quase todos)
foram embora

apesar disso, por enquanto
evitar açougues

nada nos impeça de arrancar as roupas
e fazer uma folia para arejar a terra

nada nos impeça de
colocar o coração na cabeça
e entoar o hino do Povo do Prazer

assim, tirar a cabeça do pescoço
jogar no chão
e dançar pisando nela

tudo o que é, façamos agir
e nos habituemos a esse veio de vida

ligaduras de saliva com saliva
vem, bebe dessa água

entre o *eu* e o coração
há um longo percurso

mas que de repente é curto

o domingo me quer gordo

macarrão com molho
sobremesas irreais

o bairro de Santa Felicidade não supõe
a ópera dominical que acontece na casa dos Leprevost

só o avô está calado, mais calado que o normal
até que *vamos falar mal de quem?*

a chuva cantando nas calhas é tão curitibana
quanto uma modinha de Nho Belarmino e Nha Gabriela

e o ping-pong, o bate-portas dos maratonistas
de seis cinco quatro anos de idade no corredor
do quarto do tio Fê até o escritório
(onde o tio lê o homérico livro da vida)

ah, não vale, *o Ico roubou*

a grama molhada seduz

vovó, o Guigui me jogou na lama, mia a menorzinha

preciso descansar, não quero descansar
não estou em paz nem pasmado

reina um pesado tédio nas roupas de ontem
fedendo a sexo e cigarro
agonizam no chão do quarto

a cama pede para permanecer
desarrumada até o fim dos tempos

e é o dia perfeito para ir ter num café
com meu amigo psicanalista argentino
por volta das 17 horas
para ele mais uma vez
não me explicar como tudo isso funciona

como algo que se escombra
a noite caiu

caindo a noite caiu

escombros de levitação

não somos pássaros
é inescapável ter os pés no chão

olhos abertos feito lanternas
que procuram alguém perdido
na escuridão e esse alguém perdido
na escuridão é você mesmo
com olhos abertos feito lanternas
que procuram alguém
perdido na escuridão

ouvi alguns de vocês de mim dizer:

ele é um animal deitado no charco
é a fagulha azul na raiz de uma fogueira

agradeço e afirmo:

a vocês também faria bem
um pouco dessa esqualidez lodacenta
um bocado dessas cócegas fervendo

fora daqui, fora daqui, bolor dos meus olhos

bata forte, chuva limpa, no verde musgo da mata

vozes desempoças, cheguem de lá
para o fôlego que resta

coisas estranhadas por acidentes
complexas forças da instabilidade

olhei dentro da beleza e
me esfaquiaram as visões mais puras

insurgentes dos dois últimos séculos
do mais escuro esquecimento
subam para o lado de cá

já à tona, feridas da fúria, venham
e explodam como a flor da vida que exubera

incansável opositor das sombras

mesmo o poema feito de sombras

ao que parece nossas ventanas seguirão sugando
a graveolência de sangue que o ar dos dias do futuro traz

será mesmo que ainda lá continuaremos a ser infiltrados
em cada um dos poros por tamanha desumanidade?

repara como todas as coisas do mundo
vão profundamente ofendidas

ainda assim, esse trem (vida, arte) foi feito para dançar

crio um poema

arremesso
outro pássaro
no precipício

ISSO SEMPRE ME PARECEU FURIOSO

"É difícil fazer amor mas se aprende"

Antonio Cisneros

amor

na praia da sua barriga
um peixe agoniza

você usa um vestido com estampa florida
deve ser verão
pela leve umidade da sua pele
deve ser verão

ao fundo, o muro branco chapiscado
contrasta com o musgo da folhagem

é uma cena com terra num jardim
com esta rudimentar cadeira de plástico

você está sentada, as pernas cruzadas
o ventre para frente

leio o seu mau humor na testa com
as sobrancelhas levantadas
emolduradas pelos cabelos pretos

tensão vaza pelos ombros
o cigarro é um dedo a mais na mão

me pergunto para quem estará
posando na foto precária
feita com um celular antigo

para quem, senão para mim
que sei que a placidez da imagem
grita voragem, turbilhão, sorvedouro

ainda não dá para oferecer muito
porém em Guaratuba, minha linda

Praia dos Pescadores
barcaças ancoradas na boca da baía
um areão

é desolado nessa época do ano
mas ao menos está limpo

ali no canto das pedras, o bar
onde tomaremos umas garrafas
comeremos camarão à milanesa
engordurando o polegar
o indicador, os beiços

depois, veja, está aí um prato cheio
para você levantar uns contos
intitulados *feriado no estoril I e II*
cheios de sarcasmo com a
(você gasta tanto esta palavra) burguesia

desçamos, guria, a serra
hoje mesmo em direção ao Brejatuba
mas pelo ferry boat
(*barquilha, refrigerante, cerva, erva, água-mineral*)

quando eu era menino
golfinhos vinham nadar ao lado
desçamos, o som nos embalando
você o cenho exprimido

moedas, troco do pedágio
descer o morro é comprido
até que abriremos as portas
a casa despertando de sete meses mofados
(taí o poema aguarda nos recônditos da gente)

então serei *o recolhe as malas*
o poeta coloca as cadeiras na varanda
estica as redes
mantimentos no armário
o poeta abastece a geladeira
o beijo no rosto que eu ganho
a maresia no corpo
e a sua testa que finalmente relaxa

fim de tarde, começo da noite
o vigia litorâneo vai e vem em sua moto
um surfista de borracha volta do mar

e o céu, até então nublado
agora rasgado por estrelas feito o sexo
que fazemos daqui a pouco

deve ser verão quando
nas suas axilas circulam
animais aquáticos que
escapolem, escorregam
pela barriga, rápidos, *ops*
escondem-se lá embaixo

a boca engolia
os olhos olhavam por dentro
bom ser olhado daquele jeito

quantas vezes você teve e não teve
uma boa intuição no quarto 312
do meu motel preferido

você avançava sobre mim
gozando uma agônica mistura
de morte e renascimento

queríamos muito e tanto
e não ligávamos de ter a carne viva
exposta ao último círculo
que separa com fogo alto
o Paraíso do Inferno

na intensidade da poesia do corpo
éramos um só fôlego jovem de animal
se arriscando com gargalhadas inteiras por cima
tetas cheias, quentes ferroadas de gozo forte
magma da boca e a ternura dos pés descalços
ninando, mimando, agradando, nutrindo
acarinhando, afagando o depois de nossas fodas

os pés, guerreiros nos nossos corpos
vão pela imposição da gravidade
sustentando o que está em cima
na emergência, na irreflexão dos dias

e voltam da voragem da noite
exauridos de andar sobre narizes brancos
bocas de hálito não dormido
e grudentas poças de cerveja barata

até que finalmente podem descalçar
seus tênis sujos e mudar de posição
deixando que os cacos de vidro que
trouxeram da rua se dissolvam

e só então, como ternuras deitadas
debaixo do cobertor do resguardo
voltam os quatro a se ninar e mimar
agradar, nutrir, acarinhar e afagar

se bem me lembro
era verão
dada a nossa incansável tarefa
de capturar
os raios de sol um do outro

você fabricava a noite mais sombria do ano
e logo em seguida fazia a coisa certa

amontoava histórias e achava que tinha uma armadura

amparava a frente fria e me tirava de um lugar de gelo
sussurrando às urticárias do meu corpo

você esperava que eu fosse uma lareira

vem aqui e a noite branca vai embora de nós

você segurava o meu rosto, comia as bochechas
gengivas, dentes, a minha língua, comia o meu violão

você me ouve? você me salva?

você girava a ampulheta, rugia
e me ensinava de novo, tentava

você não ria, dizia *a ampulheta está rápida demais*
você tinha faro, ria

você sabia que as pessoas partem
eu não sabia que as pessoas voltam
você não podia pensar que as pessoas
se viam obrigadas a ter compaixão

você me dava a mão
segurava com força, soltava

você queria que eu fosse um *airbag*

ou você fazia o sol se pôr só depois da meia-noite
ou você deixava a temperatura despencar

a ampulheta mastigava nossos gritos

você agora era uma paisagem distante
os sentimentos eram insetos, você e eu inseticidas

sua imagem oscilava, borracha aos poucos apagando

às vezes tinha uma cantiga de ninar no jeito
dos seus olhos se aproximarem de mim

você piscava muitíssimo lenta
você era um abrir e fechar de pálpebras

com algumas pessoas
não se toma cuidado
ao respirar as feridas de dentro

bebe-se o antídoto da saliva
e o afogamento das secreções

você não morre, senão nelas

mas se acorda na manhã seguinte
é que de algum modo se tornou eterno

algumas pessoas
não encontramos aqueles
típicos monstros de ventosas
mas odores de licor e pororoca

afrescos desenhados com o hálito
e o ferrão das lágrimas

algumas pessoas mordemos
depois costuramos com relâmpagos

meu coração é uma árvore
em que alguém talhou
outro coração
– este outro é o seu

o fim de uma guerra
e os meus sonhos narrados no divã

umbigo no umbigo
coração com coração
cangote na boca

ouvir dizer *amo você*
dizer *também amo você*
ainda assim nunca nos fundirmos
sempre permanecermos
estranhos complementares

ou então *como foi, onde, em que época*
as duas pessoas que se deram
o abraço apertado e verdadeiro mais
pungido, acoroçoado, o mais sensível
de toda a história da humanidade?

acabo de ler a notícia: aviões se chocam
                  durante apresentação
                  de show aéreo

claro, o que mais podia acontecer

o sol resplandecia
sobre os nossos
escombros de levitação

não estar infeliz devia me fazer feliz

as intermináveis
batalhas ideológicas, no entanto
me aborrecem

ah a lucidez

a lucidez, se eu a bebo
logo vem alguém e *epa, não era lucidez*

saudade dos seus dedos magros

o seu corpo
na cidade do século XXI
em outro país
apaga de si o meu corpo

então não éramos *um*?
não éramos *um* como o amor promete?

sou o barco naufragado
que mergulhadores corajosos
ajudaram trazer de volta à superfície

na superfície, eu sou o peixe
e você a violenta maré que puxa

ser grato é diferente
de dizer *gratidão* para tudo

sou grato e hoje respiro bem
o que é (ainda) um aprendizado

sabe, do fundo mais fundo de você
eu levantei e sob o vento
num dia quente
me sequei
não com uma toalha limpa

não se sai do outro
como se sai do banho

murmuro um incêndio. tomo uma dose de uísque
estou num bistrô 24 horas. sonho com você
eu chego. molho os lábios. deixo a barba crescer
chove. emagreço. ei, toma a minha verdade
sonho com você num restaurante na beira da estrada
caminho pela cidade. faço seu cérebro descansar
o mar vem até aqui. lembro algum verso
sento para escrever. visto um roupão listrado
sento para escrever que visto um roupão listrado
escrevo. sacrifico um animal em mim
galhos caem do teto. lavo as mãos
sonho com você. tomo um banho
entro num bistrô 24 horas que emula um bistrô parisiense
sonho você. deixo a barba crescer
sonho você abraçando o céu. bebo com os amigos
seu cérebro descansa em meu cérebro
sento para escrever que sacrifico um animal em mim
caminho pela cidade. sou tomado por uma cólera boa
meu coração faz *tac tac tum tac tac tum*
a noite amanhece. levanto da cama
a minha verdade é sua. tomo uma dose de uísque

sento para escrever que tomo uma dose de uísque
murmuro um incêndio. entro num táxi
galhos caem do teto. eu chego
bebo sem os amigos. caio doente
sento para escrever que a minha verdade é sua
molho os lábios. isso sempre me pareceu furioso
estou num bistrô 24 horas. chove
quarta-feira devo acordar. atuo numa peça de teatro
sou o poeta da *Canção da estrada aberta*
tento vender um projeto. esqueço
lembro que os muros não se levantam sozinhos
tenho um sonho ruim. sinto um tremor no espaço
o teto vai. deixo a barba crescer. saio do táxi
quarta-feira devo acordar cedo. compro um livro
sou chamado por suas lágrimas. o mar foge rápido
no livro o mar foge rápido. tento vender um projeto de vida
vejo você na internet. levo uma dura do diretor da peça
as perguntas da sua vida me apontam os dedos
quarta-feira. atuo numa peça de teatro. sento para escrever
sento para escrever que atuo numa peça de teatro
levanto da cama. compro uma utopia
vejo você caminhando. suas lágrimas me molham
levo até você o meu rosto. escuto a noite vibrar
frutas caem de maduras. acordo cedo. lavo o rosto
seu caminhar faz a noite vibrar. escuto a noite
levo uma dura da polícia no centro. deixo a barba crescer
leio um livro em que o mar foge rápido
seu coração é um tambor. não esqueço

sonho com você dentro de uma canção
escuto. bebo com amigos. bebo e bebo
acordo cedo para comprar cuecas e meias
você amassa os pães. lembro um verso do Bandeira
sento para comer. sonho que você amassa os pães
sento para comer o verso do Bandeira
sento para escrever que o seu coração é um
tambor que faz tum *tac tac tum tac tac*
escuta. emagreço. frutas caem de maduras
você escuta? vejo você. amo. você me vê na internet
vai, toma a minha verdade. leio um romance
adoeço. murmuro um incêndio. quero esquecer
adoeço um romance. o dia anoitece
sonho você. você volta. você volta?
o sol aparece. os meus amigos caindo de bêbados
faço a barba. amasso o pão da solidão. melhoro
pioro. uma gargalhada explode. sento para escrever
que meus amigos estão caindo de bêbados. você fica
fica? digo que o poema é uma espécie de traquitana
fabrico um romance russo. você me escuta na internet
as frutas apodrecem. o sol desaparece. esqueço
tomo a sua verdade como *a verdade.* amor
estou entre os bêbados caídos. amo. sou amado
caminho num romance russo. amo maciço
molho os lábios nos seus olhos. lembro do Bandeira
com *o aeroporto em frente me dá lições de partir*
digo que nada volta. molho os lábios chorando
digo que o poema conhece o futuro. futuro

você faz do meu abraço uma cama calma
amo a noite a crescer. sento para escrever
sento para escrever que amo a noite a crescer
deixo só o bigode. você fica? você ama maciço
isso sempre me pareceu furioso. o que digo
digo que acredito no poema do futuro
sento para escrever. digo que nada volta
você volta. sento para escrever que amo você
sento para escrever que sento para escrever
amar. isso sempre me pareceu furioso. amor
o aeroporto em frente me dá lições de chegar
o aeroporto em frente me dá lições de ficar
leio um romance russo em que fazemos amor
digo que o poema conhece o futuro. conheço

jamais teremos
como aproximar em nós
a distância das noites
em que não nos encontramos

essas noites foram
o mais perto
que cheguei da loucura

na tarde do bairro de Santa Felicidade
sob o barulho da máquina de cortar grama
(que vem do vizinho dos fundos)
na tarde que se indecide entre o sol e o cinza
na tarde de uma desconfiável pacatez
nessa tarde
para você e mais ninguém
de dentro de um carinho até agora
mudo porém candente
dedico o capítulo 7 d'O Jogo da Amarelinha

e com ele também
(não com menos certeza de que apesar
da torvação dos últimos tempos
chegarei em seu coração mais sensível)
o Capítulo 93 da mesma obra
menos conhecido porém igualmente tocante
e merecedor da sua saudade
que é também (como vê) a minha

sei que não vou alto como
um deus qualquer em sua mudez perfeita

sou apenas esta apoteose tão pequena
quanto quem quer que também a seja

o prazer se compartilha, a dor não
a dor é uma coruja em vigília
olhos na maciça escuridão

os sentidos são uma ostentação
mas nem todos aproveitam
e vão estudar música nem ler os livros
que foram escritos só para mim

a essa hora não há gente ao redor

com o coração sincero
sussurro outra vez o espírito de um verso

de longe
um insistente *sim* chega furando a noite
não hesito, abro a minha porta

– você esperou demais?
– como é esperar um navio afundado?

tanto tempo depois
(com essa dança primal
em nós reverdecendo, diante
da qual tremo e rejubilo)
vejo você sorrir consigo mesma
de um dia me ter amado como agora

você ronrona e vira de lado
as costas nuas, única luz acesa no quarto
me aproximo e cheiro

de manhã seu corpo é açucarado
lagoa que evapora, orvalho da grama
neblina sendo chupada pelo sol

depois, você fica mais salgada

há um campo gravitacional
que faz com que o dia penda
para você com uma parte do mar
descendo junto, quase a despencar

e todas as coisas vão se equilibrando
                          no limite

da luz herdeira dos relâmpagos, amo o seu rosto
das meditações de manhã na cama com o sol batendo lindo

da respiração de uma yoga que desemboca avalanche
amo o seu rosto

o queixo, o nariz que se erguem em ferocidade e volição
a língua que bêbada murmura, a profusa gargalhada gozando

amo as escarpadas sobrancelhas de terracota

e a ledice do delírio, a justiça da ternura
o desejo do extravio, o inferno da súplica, o cansaço da tritura

o cortejo das lágrimas que vêm dar na temperatura da pele

amo o seu rosto sempre tão rápido para arreganhar o coração

hoje depois de tanto tempo
quando estamos juntos
sou um corpo maduro

mas ainda curo
sob o sol da sua presença
a carne de um jovem
animal da paixão

amar

isso sempre
me pareceu furioso

amo o seu rosto
insondável poema contemporâneo

o seu rosto
incandescente canção de amor

diante da sua dança tremo e rejubilo
não tomo cuidado ao respirar o seco machucado de dentro
você confere se por baixo das cinzas ainda tem brasa
voluntariamente você se queima
e me junta até ter o meu rosto em suas mãos
o vapor que sobe
o antídoto da saliva
o afogamento das secreções
vamos querer levitar, subiremos, desceremos de lá?
eu mudei de nome, você diz, *agora me chamo Selva*
por isso aqui a esse horário a luz é pouca
antevejo a cena com você se lavando
das nossas gosmas num açude
antevejo minha boca secando
antevejo a presença de caçadores
o terreno demarcado da maldita civilização
agora meu coração é uma árvore em que alguém
talhou outro coração – este outro é o seu
a tempestade vai ficando distante
escuto os seus órgãos trabalhar dentro de você
você me pede mais uma vez
usa coisas lindas com a voz para mim
então mostro o quanto vivo num animal que ainda cresce

agora
na terra da sua barriga
passarinho venha
comer descanso

NA CIDADE
DO SÉCULO XXI

para Guilherme Daldin

*"e porque sou feliz e danço e canto
acreditam que não me fizeram
nenhum dano"*

William Blake

para começar, tinha urina por todo canto do quarto
e uma voz transida dizia *eu amo o nosso tremor*

da varanda se ouvia o ribombo dos outros animais
circulando pela savana da casa

o bebê lilás era muito fofo, sua mamãe
por um tempo, esteve mergulhada na tristeza
até voltar de lá catando carvão em brasa

da garagem vinha a tosse seca do rigoroso doente terminal
ali abraços pagos valiam mais que remédios-*carros*

de máscara, a tia ia à feira de orgânicos
e enchia a sacola com panfletos religiosos
na volta, tomava tanto sol que chegava a queimar o esôfago

ninguém suspeitava das toneladas
de baleias mortas no lavabo
sobre elas suspirava o perfumado adolescente
bem inserido no sistema político-econômico

era de manhã e o bebê lilás seguia dormindo e
sonhando alguma suave música ainda a ser composta
o vovô não parava de repetir
tenho uma tontura que me acovarda

o primo passava as noites aprendendo a usar o nariz
para ter e dar prazer e só dormia cem anos depois
mordendo até sangrar os lábios inchados

no porão jaziam as caveiras dos últimos cachorrinhos
cachorrinhos, cachorrinhos, cachorrinhos da família

uma vez mais queimando
como estivesse no miolo de um iceberg

uma vez mais *a vida como ela é*
lâmina, pólvora
veneno brincando de quem é mais triste

uma vez mais envelhecendo
em como tudo funciona (e funciona mal)

uma vez mais no mercado das pulgas
procurando um tipo de membrana leve
maleável, flexível, elástica, impenetrável

armadura anímica para usar
por dentro da carne, ao redor do coração
e de um ou outro órgão débil

essa insônia que não muda os abismos de lugar

esse resplandecente sol sobre os
escombros de levitação das primeiras décadas

quem de nós aos anjos caídos falará?

derruba-se outra vez a noite enfiada em desperdício

a duras penas, nossos corpos atravessados
aprenderam que nem mesmo os mortos são imortais

não há quem deseje partir, diz o coveiro

agarra-se ao azul de uma fogueira
e ignora que mesmo o fogo que dá a vida
oculta o que devora

noite de sexta-feira
Pietá dos anjos de jaqueta de couro
línguas de mil watts de potência

noite de sexta-feira
segredo das excitadas canções de álcool
transmitidas qual infecção
sopradas nos ouvidos obcecados

noite de sexta-feira
ventre transpirante
libertinando poesia de manicômio
na cidade do século XXI

no barulhento parque das multidões
no encalço das divertidas perversões
sozinhos (sempre sozinhos) na voragem
da colorida cidade do século XXI

sou o enorme atum sendo leiloado
no chão frio do mercado de frutos do mar

imagino o futuro com suas escrituras de fogo

ninguém é o dono dos dias

passa uma criança toda encapuzada
com um segurança careca com
tatuagem de cabelo na cabeça
ele se reveza em me encarar e tirar
a mão do bolso para dar outro arroto

lembro mal de alguém me apresentando
o vendedor de tudo o que a essa hora
tem a cidade do século XXI

quem é o líder do *problema da alegria?*

passa uma mulher de meia idade puxando
uma mala com um zoológico dentro

lembro mal de ter comprado os ingressos
para o parque das multidões

passa um casal de garotos eufóricos montados num camelo
depois, um açougueiro com um curativo no joelho da presa

do outro lado um homem sentado olha para dentro de si
olhos abertos feito lanternas que procuram alguém
perdido na escuridão – eu sou ele

passa uma anciã
fazendo malabarismo apoiada num andador
o sol batendo lindo na sua cara
atrás dela, um ancião puxa um repolho na coleira

passa outra criança sozinha encapuzada
e me carrega (desfalecido) no colo

seres dobrados pela cultura lúdica da violência
em cima, o céu se consumindo

seres com tetas carregando atados
os próprios desabamentos

seres sem nariz nem língua

vejo-me neles
o *futuro dos sem futuro* demorou mas veio

a tosse, o cancro, a infecção
são de uma qualidade ainda não decifrada

formas vivas *disforme* carregando
um olhar mais *humano* que humano

vejo as axilas espargindo óleo animal
os olhos sem mais choro que chorar
as bocas sem mais chorume que mamar

as peles crestadas por um sol inclemente
figuras sem ânimo e sem o direito de ser anônimas

seres desvividos, veias saltadas
alimentados pela doença ruim de
vísceras mordidas, espasmos de vômito

servindo a um mutismo posterior a todas as algaravias
a todas as prepotentes luzes da espetacular
racionalidade dos homens inventores da lâmpada
da linha de montagem automobilística
das máquinas voadores, do antibiótico
do celular, do contraceptivo oral

e nenhum de vocês, os *Explicatudo* do passado
sabe dizer o que elucubram as cabeças desses seres
completamente vazias de teses investigativas
e mexilhões opiniáticos dos ramos do saber

há quem aponte o dedo: *quieta, coisa sensível!*
fora, desinteria!
baba débil,
mirrada respiração
de barriga pançuda
exalando
fedores siderais!

porém, no espírito deles não se cola dos catálogos todos
a liturgia das convicções científicas, religiosas, nem nada

apenas os inescapáveis aspectos dos primeiros restos
da carne do novo século que nem bem começou
                    (e não começou bem)

eu sou eu
e a humanidade
diferente de mim

> *"Este Templo, onde meu Nome é invocado,*
> *será porventura que se tornou um covil*
> *de ladrões para vos reunirdes?"*
>
> **Jeremias 7:11**

eles chegam com cálculos e contratos
com seus risonhos advogados a propor o pacto

com sangue nos olhos pronunciam a palavra *piedade*
com as cifras reluzentes falam em *misericórdia*

e outra vez nos acusam de degenerados:

>   que se adeque o singular
>   o óbvio mais se massifique
>   didatizem-se ao seu mando e modelo
>   as brilhantes desfigurações
>   achatem-se as exuberantes diferenças
>   apaguem-se as iluminadas iluminações

não têm apreço a não ser aos seus tradicionais
álbuns de família feitos só de autorretratos

com suas cartilhas do hábito
pela eliminação escondida do vômito
vêm vender (a preços promocionais) sombras
sombras e bronzeamento artificial

à custa do silêncio que o céu deixa como brecha
sobre os olhos escuros e tristes dos ruminantes
eles constroem seus imensos palácios de vácuo

para aqueles que estão
infeccionados pelo medo

a um preço exorbitante
desmesurado e desumanizador

eles estão vendendo as patas da fé

e os estão armando de morte

a verdade é um labirinto infinito

e que está perdido, é o que se sabe de
mais próximo e distante sobre o Paraíso

pela boca do vendilhão, o céu acode
apenas aos que não estão na merda

mas Deus ou coleciona perdas
ou faz o que no tédio da eternidade?

a esperança é um cordeiro
que ainda dorme no útero

o homem sem cabeça bateu
bateu e bateu com a testa
na parede da cidade do século XXI

a temperatura do planeta aumenta
derretem geleiras, calotas polares

alteração dos cursos naturais
correntes marítimas, extinção
de peixes e outros animais

furacões, tempestades, chuvas glaciais

desaparecem espécies vegetais
alagam as litorâneas cidades do século XXI

incêndios em áreas verdes, falta de alimento
pássaros desabam, humanos
e animais de estimação usam máscaras

humanos de estimação
entram em combustão na rua

e o último urso do circo se equilibra
num pedacinho assim de gelo

o motor de um carro esfumaçado
no meio da avenida do século XXI

xingamentos
bitucas do nervosismo jogadas na vala
o suor debaixo da barba
escorrendo pelo pescoço
a espera do guincho
o rosto de um homem que vai explodir

ele não é exatamente uma granada
nas veias não corre pólvora
ele não tem fios verde e vermelho
que devam ser cortados por peritos
ainda assim, vai explodir

o ovo que cai da mão, explode
um baiacu fora da água
a garrafa de cerveja no congelador
o olho que injetou demência em demasia
comemorações explodem
a bolha de sabão soprada por lábios infantis

estronda um *nunca mais*
tudo arrebenta
e sempre serão torpes
as mãos de um homem que explode

acordou vinte anos depois
era o momento de verticalizar
foi do quarta à sala

a manhã nem bem chegou
já escorreu pelo vão da porta

não cogitou apelar ao inconsciente
não cogitou mudar seus abismos de lugar

talvez o ar estivesse um pouco intoxicado
talvez o cérebro fosse mastigável e adocicado
talvez, portanto, destrancar pecadinhos do baú

não, não

na janela ficou comendo o sol pelas mãos
e desistiu de qualquer decifração

com sangue nos olhos narrou a si
o seu relato de bondade
o choro contrito na garganta

depois riu uma transitória demência
e pensou alto
pois se nem mesmo os mortos são imortais
e
a saúde íntima equivale ou não a saúde pública?
decidiu buscar esta e outras perguntas na cozinha
para fazer um mingau quentinho com elas

descalça desabou no azulejo
deixando espalhar todos os potes com
o odor forte das culpas intoxicando a atmosfera

pode que fosse o momento adequado
para uma confissão
não é porque nascemos uma vez
que não podemos nascer de novo

não sei, só sei que foi assim

acordou cem anos depois e foi dormir

dentro da cidade do século XXI
florida e barulhenta feito um
parque de diversões
está bem óbvio que compramos
os inesgotáveis ingressos
para o trem fantasma

e se ainda há poetas
é porque continuam em palavras
(que nenhum corpo pode mentir)
as cidades que vão por baixo
da cidade do século XXI

primeiro, enfrentar tudo
com o que exubera

com o que exubera

SOBRE O AUTOR:

Luiz Felipe Leprevost, 1979, Curitiba. É bacharel em artes cênicas pela CAL (Casa de Artes de Laranjeiras) e mestrando em Teoria Literária e Escrita Criativa. Diretor da Biblioteca Pública do Paraná. Assina a coluna Esquetes de Curitiba, no jornal Diário Indústria e Comércio, em que publica crônicas às segundas-feiras.

Escreveu e publicou os romances *Dias Nublados* (Arte & Letra, 2015) e *E se contorce igual a um dragãozinho ferido* (Arte & Letra, 2011), além dos contos de *Inverno dentro dos tímpanos* (Kafka, 2008), Barras antipânico e barrinha de cereal (Medusa, 2009), *Manual de putz sem pesares* (Medusa, 2011) e *Salvar os pássaros* (Encrenca, 2013) e dos livros de poemas *Ode mundana (Medusa,* 2006) e *Tudo urge no meu estar tranquilo* (Encrenca, 2017), *Uma resposta difícil* (Arte & Letra, 2019), *O Poeta queima voluntariamente* (Arte & Letra, 2020), *Ode mundana - revista e ampliada* (Kotter, 2020).

Como dramaturgo teve encenadas as suas peças Hieronymus nas masmorras, O Butô do Mick Jagger, Na verdade não era, Pecinhas para uma tecnologia do afeto, Bernard Só e Aqui é minha casa.

Este livro foi produzido no Laboratório Gráfico Arte
& Letra, com impressão em risografia, serigrafia sobre
tecido e encadernação manual.